Con mucho
amor pa
hermosa
un co

...eres... tu
...tia
...Ceci

diario de las

ANNA LLENAS

PAIDÓS

A mi padre, por ser la primera persona en mostrarme el valor del arte.

A mi madre, por ser mi primera inspiración.

Obra editada en colaboración con Espasa Libros, S.L.U. – España

Ilustraciones de portada e interior: Anna Llenas

De todas las ediciones en castellano,
© 2014, Espasa Libros, S.L.U. – Barcelona, España
Paidós es un sello editorial de Espasa Libros, S.L.U.

© 2016, Ediciones Culturales Paidós, S.A. de C.V.
Bajo el sello editorial PAIDÓS M.R.
Avenida Presidente Masarik núm. 111, Piso 2
Colonia Polanco V Sección
Deleg. Miguel Hidalgo
C.P. 11560, México, D.F.
www.planetadelibros.com.mx
www.paidos.com.mx

Primera edición impresa en España: marzo de 2014
ISBN: 978-84-493-3003-2

Primera edición impresa en México: marzo de 2016
ISBN: 978-607-747-144-8

Impreso en los talleres de Litográfica Ingramex, S.A. de C.V.
Centeno núm. 162-1, colonia Granjas Esmeralda, México, D.F.
Impreso en México – Printed in Mexico

ÍNDICE

Transforma
y mejora tus
emociones
a través de la
creatividad

Este es tu diario

Este es tu diario de arte y emociones.

Sí, sí, arte y emociones, lo has leído bien. Porque dibujar, escribir, pintar, crear..., es, ante todo, una actividad emocional.

El proceso artístico a menudo va vinculado a alguna emoción, lo que ocurre es que cuando estamos inmersos en la actividad creativa, la mayoría de las veces no nos damos cuenta de ello.

En este diario trataremos precisamente de eso, de hacerte tomar conciencia de tus emociones y de que las expreses mediante el arte y la creatividad. Para ello, tendrás una serie de ejercicios prácticos donde podrás soltar tus emociones libremente y canalizarlas de manera original y espontánea a partir de lo que estés sintiendo en ese momento. Verás que, volcando la emoción en el papel, sentirás una conexión especial entre tú y tu obra, y después te sentirás un poco más calmado y liberado.

Pero tranquilo, **no hace falta saber dibujar**. Puedes escribir si lo prefieres, o bien recortar y pegar cosas, o simplemente garabatear, ya que lo importante no es el resultado final, sino el proceso...

¿Por qué un libro como este?

Cuando la editorial me propuso hacer un libro de ejercicios creativos relacionado con las emociones pensé que era una propuesta muy oportuna. De hecho, hacía poco había publicado un libro, *El Monstruo de Colores*, dirigido al pequeño público, para identificar las emociones que vivimos y clasificarlas como tales: la alegría, la ira, el miedo, etcétera. Paso importante para entenderse a uno mismo y entender a los demás. A los pequeños se les enseña cómo cruzar una calle, cómo vestirse, cómo comer, pero ¿y las emociones?

Este libro es el siguiente paso: cómo expresar las emociones generadas en nuestro interior a través del arte y la creatividad. El arte se nutre de las emociones; la creación artística permite que estas pongan de manifiesto y revelen la existencia de distintos estados anímicos.

La formación que he recibido, el trabajo que realizo como profesora, las prácticas clínicas de arteterapia y, sobre todo, mi propio proceso artístico y análisis personal, me han permitido acceder a los conocimientos y hallar la inspiración para escribir este libro.

También me han enseñado que a través de la creación artística se puede llegar a un mayor conocimiento de uno mismo y de los demás.

La estructura del libro sigue esta línea: que expreses tus emociones a través de varios ejercicios creativos. Estos han sido creados para que te conectes con tu emoción y explores sin límites tu propia creatividad. Tú eres un artista y tu creatividad siempre ha estado ahí. Quizá solo necesitabas una pequeña excusa para desvelarla.

¿Cómo funciona?

En este libro encontrarás una breve introducción teórica
sobre las distintas emociones y, a continuación, varios
ejercicios prácticos que serán la base para elaborar tu
diario creativo. Algunos de ellos están pensados para que
sencillamente explores, juegues, te distraigas y diviertas,
dejando de lado tu mente y pensamiento racional. Otros,
en cambio, van más enfocados a que sientas, tomes
conciencia y profundices en tus emociones para conocerte
un poco mejor... Pero, en todos ellos, lo principal es que
te des cuenta de lo que te ocurre y que lo expreses
de una manera única, libre y personal.

Hay distintas maneras de utilizar este libro, y lo mejor
es que encuentres la que más te guste o se adapte a ti.
Te indico tres opciones sobre cómo puedes usarlo y te
sugiero que, para entender el sentido, empieces por la
primera. Si al cabo de un tiempo encuentras otra manera
que tiene más sentido para ti, cámbiala y sigue tu instinto...

Opción 1
Identifica la emoción que estás sintiendo ahora.

Si lo tienes claro, ve al apartado de esa emoción y haz
un ejercicio. Al acabar, si lo deseas, puedes escribir
lo que has sentido en el apartado final: «Anotaciones
de cómo me ha ido».

Sientes una
EMOCIÓN

⇓

(identifícala)

↙   ⇘

- Lo tienes -   No lo tienes
- CLARO -   claro

⇓   ⇓

Haz un   (- Repasa la teoría
EJERCICIO   (- Haz los "7 pasos
de esa   (para reconocer
emoción   (tus emociones"

                       ⇓

                    Haz un ejercicio
                    de esa emoción

Si no lo tienes claro, lee la parte teórica de cada emoción e intenta poner en práctica el esquema de «7 pasos para reconocer tus emociones». ➜

Opción 2

Hojea el diario y elige el ejercicio que más se te antoje hacer en este momento.

¿Has sentido o pensado algo al hacerlo? Como siempre, puedes apuntarlo en la página de «Anotaciones de cómo me ha ido» al final del libro.

Opción 3

Abre una página al azar. Hazlo porque sí.

7 PASOS PARA RECONOCER TUS EMOCIONES

1. **Busca un lugar tranquilo, sin distracciones. Respira...** (Puedes cerrar los ojos si quieres.)

2. **Observa si estás sintiendo** alguna emoción, sensación o pensamiento.

3. **Permítete sentirlo.** (No lo evites.)

4. Trata de ubicar esa emoción o sensación en **algún lugar del cuerpo**. Tócalo.

5. Identifica qué emoción estás sintiendo. **Ponle un nombre**.

6. Ve al apartado de esa emoción y **haz un ejercicio.** Expresa creativamente lo que sientes.

7. Sé consciente de tu emoción mientras estás creando. **Simplemente date cuenta de ella y después déjala ir**.

«El arte permite mostrar emociones allí donde las palabras no llegan.»

Antes de empezar
ten en cuenta que...

• Este libro es un diario de tus emociones, por lo que estaría bien que lo utilizaras con regularidad.

• ¡No lo guardes en el librero! Déjalo en un lugar visible, para acordarte de pensar qué sientes cada día.

• Es preferible que estés solo y sin distracciones.

• Cuanto más tiempo te tomes para hacer la actividad, más profundo podrá ser tu trabajo.

• No hay un orden establecido de ejercicios. Puedes empezar por el que más te guste.

• Hacer los ejercicios de la calma puede venirte bien para cualquier emoción que estés sintiendo.

• Aunque podrías rellenar todo el diario solo con un lápiz, será más divertido y creativo si reúnes algo de material. Aquí tienes una lista de sugerencias...

Materiales que puedes necesitar:

Aquí tienes una lista de materiales que sería bueno que tuvieras a la mano cuando empieces tu diario. No necesitas tenerlos todos, puedes empezar con algunos y poco a poco ir ampliándolos. Te aconsejo que uses unos cuantos de cada columna: algunos materiales duros, otros para combinar con agua, algunos para hacer un *collage*, y varios utensilios. También serán bienvenidos todos esos materiales que a ti se te ocurran y que, aunque no estén en la lista, puedan dar rienda suelta a tu creatividad...

Consejo

Hay diferentes gamas y calidades de materiales. Para que no te resulte muy cara la inversión, mejor empieza por los que tengas en casa y compra algunos de calidad media en tiendas de bellas artes y bazares.

¡Corta y pega!

Pide a tu familia que te guarde revistas y periódicos. Te vendrían muy bien para usar la técnica del *collage*, ideal si piensas que esto del dibujo es difícil para ti.

¡Recicla!

Guarda materiales que encuentres en casa y puedan servirte para tu diario: envoltorios de caramelos, entradas de espectáculos, recibos de compra... Si guardas los papeles que usas en tu día a día, tu diario será más auténtico, lleno de vivencias personales.

MATERIALES:

DUROS	AGUADOS	COLLAGE	UTENSILIOS
Lápices	aguarelas	recortes de revistas	tijeras
crayones	tinta china	periódicos	celofán
pasteles	colores acuarelables	objetos recidados	pegamento en barra
marcadores	nogalina	papeles varios	pegamento líquido
gises	especias de cocina	hilo y aguja	engrapadora
plumines	(gouache o acrílicos o témpera)	cuerdas	cutter
carboncillo		sal	lanas
		diamantina	hilos
		barro o plastilina	cuerdas
			pinceles
			sacapuntas
			goma
			frasco de spray
			Rodillo

5 emociones :

ALEGRÍA

TRISTEZA

IRA

MIEDO

CALMA

Pero... ¿qué es una emoción?

Emoción proviene del latín *emotĭo*, que significa movimiento o impulso. Las emociones son estados afectivos, reacciones subjetivas al entorno que «nos mueven» por dentro. Estas reacciones cumplen una función adaptativa y tienen un origen fisiológico que se manifiesta con cambios tanto físicos (sensaciones, cambios endocrinos...) como psicológicos (pensamientos, actitudes, creencias...).

Las emociones son variables, pueden aparecer de forma súbita y tienen diferentes grados de intensidad. Son más intensas, pero menos perdurables que los sentimientos.

Emociones: las hay de muchos tipos. Algunas las llamamos básicas (son aquellas que compartimos en todas las culturas, incluso con algunos animales), y otras son más elaboradas y complejas. En este libro nos centraremos en conocer, identificar y trabajar creativamente las que hemos sintetizado en 5 grandes emociones: la alegría, la tristeza, la ira, el miedo y la calma.

No estamos inventando nada nuevo... Desde la Antigüedad, han existido muchas teorías sobre emociones, y diferentes autores las clasifican de una manera u otra. Algunos opinan que hay ocho[1] emociones básicas, otros seis,[2] y la síntesis máxima la hacen los filósofos orientales, reduciéndolas solo a dos: amor y miedo.

Podría ser... Pero aquí hemos preferido centrarnos en cuatro emociones básicas: alegría, tristeza, ira y miedo, añadiendo una quinta: calma.

alegría

tristeza

ira

miedo

calma

La calma, también denominada paz o tranquilidad, es una emoción menos intensa, más apacible y sutil que el resto de emociones. Y es precisamente este rasgo de «no intensidad» uno de los que la caracteriza.

Colocamos la calma en un punto intermedio entre las otras cuatro porque en ella no domina ninguna otra emoción de manera exagerada y el estado interno que experimentamos es de serenidad, equilibrio y bienestar. También la ubicamos en el centro porque nos ayuda a estabilizar la mente y las emociones, rebajando la intensidad y turbulencia que puedan ocasionarnos estas. Es por ello que decimos que la calma cumple la función de regulador emocional.

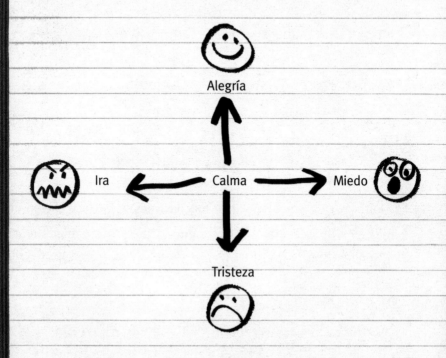

La intensidad de las otras cuatro emociones es fluctuante y puede variar de menor a mayor grado. Por ejemplo, podemos estar «un poco alegres», «bastante alegres» o «muy alegres», y lo mismo pasa con la ira, el miedo o la tristeza.

A medida que nos vamos alejando de la calma, alguna de las otras cuatro emociones estará dominando; la cuestión será reconocer cuál es. Y, a la inversa, en la medida en que baje la intensidad de las emociones, nos acercaremos a un estado más calmado y de equilibrio.

Y será precisamente este punto central y de equilibrio emocional uno de los objetivos que pretenderemos conseguir con algunos de los ejercicios de este libro. Podrás reducir el malestar que provocan ciertas emociones como la ira, la tristeza o el miedo, porque realizar una actividad creativa nos distrae de nuestros pensamientos negativos. Pero también porque la expresión y descarga de estas emociones sobre el papel permite que las canalicemos de un modo constructivo, a la vez que las vamos haciendo conscientes, aceptando y transformando poco a poco.

¿Y qué pasa con las demás emociones?

Es cierto que de emociones hay muchas más, y la clasificación podría ampliarse si lo quisiéramos. Hay algunas que no trataremos en este libro porque son, quizás, emociones más específicas y que no interfieren tanto en nuestro día a día.

Pero las demás emociones casi seguro que las podremos englobar dentro de estas cinco, pues en realidad son la misma energía, solo que con matices diferentes.

Si vamos a su esencia, podemos ver que su raíz podrá contenerse en alguna de las emociones básicas.

Así, por ejemplo, el amor, la curiosidad y el erotismo los englobaríamos dentro de la alegría, mientras que la desesperanza y la desilusión, en la tristeza. La molestia, la frustración, el enojo, incluso la envidia, dentro de la ira. Y el nerviosismo, la ansiedad, el estrés y la vergüenza dentro del miedo.

También hay emociones más complejas o mezcladas, como por ejemplo el resentimiento o los celos. Pero, para no complicarnos por el momento, trabajaremos para que te des cuenta y reconozcas las básicas, y así, más adelante, si tú quieres, puedas profundizar en las más complejas... Te será más fácil reconocer su naturaleza si primero has practicado con estas cinco.

En fin, lo primero es saber qué te está ocurriendo, qué estás sintiendo. Es decir, reconocer e identificar tus emociones.

• Si ya lo sabes y te es fácil, ¡genial! Pasa directamente a los ejercicios.

• Si no estás muy seguro de lo que sientes, te propongo que leas la parte teórica de cada emoción y pongas en práctica el esquema «7 pasos para reconocer tus emociones» de la página 11.

el arte es el puente entre lo visible y lo invisible.

alegría

ALEGRÍA

La alegría es, seguramente, la emoción más deseada por la mayoría. Proviene del latín *alicer* o *alecris*, que significa *vivo* y *animado*, ya que cuando la experimentamos sentimos un estado interno lleno de vigor, agitación y energía. Nos sentimos animados, con ganas de hacer cosas, de movernos y de emprender alguna acción. Solemos sentirla ante un suceso favorable que nos hace felices y la asociamos al sentimiento de placer.

Su función: Nos dispone a hacer cosas, a relacionarnos y compartir, a tomar iniciativas, a la acción constructiva.

Su energía: Fresca y luminosa, podemos sentirla en todas las partes del cuerpo, especialmente en la barriga y en las zonas superiores, como los pulmones y la cara... Al ser una emoción algo agitada, podemos sentir cómo el movimiento de la energía se expande hacia delante como si quisiera salirse de nuestra piel. O bien, cómo sube hacia arriba en un efecto burbujeante. Es, pues, una energía de despliegue, de tendencia extrovertida, que nos mueve a actuar, a expresar y a compartir.

Su expresión: Su signo más visible y reconocible es la sonrisa, aunque cada persona puede expresar la alegría de un modo diferente. Las mejillas se levantan, los ojos se entrecierran, el ritmo cardíaco se acelera, y sentimos un estado de ánimo y excitación que puede ir desde muy leve a muy intenso, en función de la persona y del grado de alegría que esté sintiendo en ese momento.

Los grados de la alegría se mueven en una escala que va del punto cero o neutral, que sería la calma (la energía está calmada, sin agitación), a la euforia o máximo grado de alegría (la energía es muy intensa y quiere explotar). En medio podemos sentir diferentes grados de alegría con mayor o menor intensidad.

CALMA   EUFORIA

Si buscamos la emoción contraria a la alegría, esta sería la tristeza. En el punto medio entre la alegría y la tristeza encontraríamos de nuevo la calma o estado neutral. En la calma podemos sentir algo parecido a la alegría, pero sin su agitación, vigor e inclinación a la acción que la caracterizan.

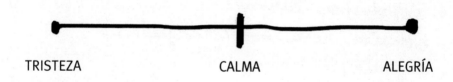

TRISTEZA   CALMA   ALEGRÍA

Entonces, si en un extremo tenemos la tristeza o ausencia total de alegría y en el otro la euforia o alegría máxima, cabe decir que, en ambos casos, hay mucha sensación de aislamiento. En los extremos, la persona está desconectada del entorno y no tiene una sensación de conexión real o relación con otros individuos. Por ejemplo, si estamos muy tristes no podremos escuchar con detenimiento a otras personas porque solo atenderemos a nuestros propios pensamientos y sensaciones. Pero si, al contrario, estamos muy eufóricos, tampoco estaremos viendo o atendiendo al otro en su realidad, pues también estaremos centrados en nosotros mismos y en esa emoción.

Pero en la medida en que nos vamos acercando al punto medio, a un estado de calma más sosegado y tranquilo, desde allí sí podremos atender, escuchar y acercarnos al otro de una manera más real y verdadera. Por eso es importante aprender a reconocer y gestionar nuestras emociones, incluso la alegría, para percibir lo que sentimos, cómo, por qué y en qué grado lo sentimos... y así ver cómo nos afecta a nosotros y a nuestro entorno.

* Posibles MANIFESTACIONES de la alegría:

- amor, ternura
- curiosidad
- entusiasmo, ilusión
- sonrisa, risa, ~~una~~ carcajada...
- disfrute, diversión
- felicidad, dicha, goce, placer

- mariposas en el estómago
- ganas de reír, de hacer bromas, de jugar
- ganas de compartir
- permite crear vínculos, relaciones
- ganas de comunicarse
- ganas de cantar, bailar...
- movimiento expansivo
- emoción burbujeante
- ligereza
- erotismo
- emoción extrovertida
- dispersión
- pon tú más:
-
-
-
-
-
-
-

Cuando te sientas alegre,
explora tu emoción, y diviértete
con estos ejercicios...

Inventa
personajes y
situaciones a partir
de esta imagen *

* ¿Qué podrían ser estas formas? Agrégale imaginación...

¿Qué sientes justo ahora?

Trata de expresarlo con imágenes o bien palabras...

Anota aquí todas esas ideas absurdas que te vengan a la cabeza...
(Cuanto más absurdas y dispares sean, mejor.)

Completa el dibujo a tu manera...

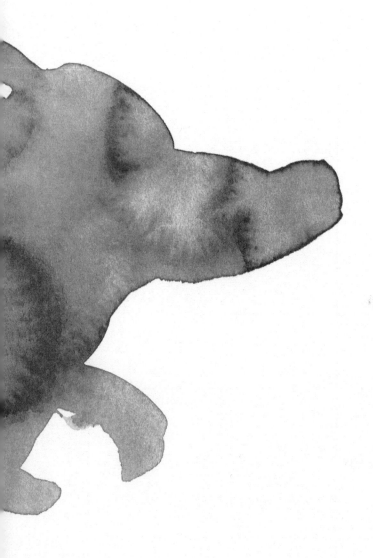

Escribe un listado de todas las cosas que te gustan y te hacen feliz.
Solo escribe, sin juzgar ni pensar demasiado en aquello que escribes.*

* Todas estas cosas serán inspiraciones para dibujos posteriores.

Si estos objetos tuvieran vida... ¿Qué se estarían diciendo?
Continúa el dibujo con total libertad...

Haz un dibujo espontáneo

Dibuja, ensambla, colorea cuantos objetos redondos se te ocurran...

Otra idea: Puedes continuar dibujando botones y después coser un hilo enlazándolos entre sí...

AUTORR

ETRATO

Continúa este dibujo...

como tú quieras...*

¿Sobre qué está saltando?

IDEA: Toma una revista y haz un *collage*. Luego diviértete dibujando cosas absurdas alrededor.

51

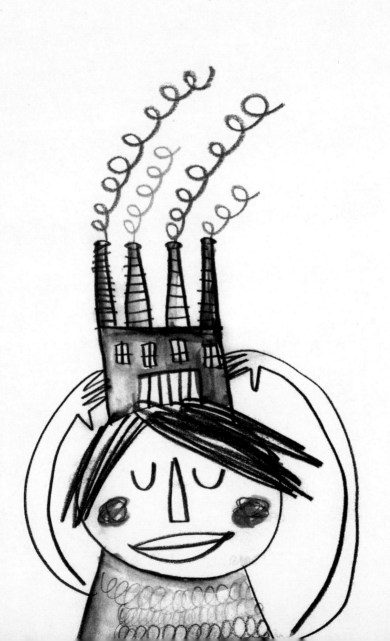

Esta es tu fábrica de sueños.... Dibuja, engancha los sueños que salen de las chimeneas... (Recuerda que tus sueños no tienen límite.)

Cosas que crecen en ti..., pueden ser palabras, imágenes, sentimientos, ideas, intuiciones, asociaciones, relaciones, amigos, vellos, uñas...

apunta las cosas que quieras ver crecer

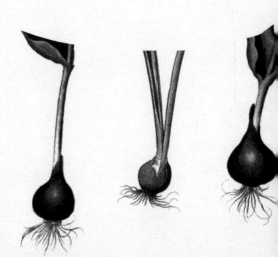

el abuelo
(amor)

PEGA
UNA
FOTO

Pega fotografías o dibuja caras de personas que te hagan feliz... Escribe debajo las emociones positivas que te hacen sentir.

56

Pídele a alguien que dibuje contigo en esta página. Pueden hacer lo siguiente:
uno empieza dibujando algo (una línea, trazo...) y el otro le contesta con otro trazo, color,
según le sugiera lo que hizo el primero..., creando así una especie de diálogo visual.

Guarda los corchos de tus celebraciones para crear personajes en tres dimensiones...
Aquí puedes practicar en dos dimensiones...

61

Search for your inspiration...

Pega aquí recortes de cosas que te inspiren... Revistas, autores, textos, lugares, ideas...

Haz tu propia versión del Ecce Homo

Pon una música de fondo que te alegre y acompañe, mientras pintas este pentagrama con muchos colores y libertad.

Après la Leçon n° 92, travailler le n° 143, page 61.

SOR

Andantino. 96=♩

Dolce

Cresc

p

p

Cresc

Dimin

p

95

WORMSER*

p Sostenuto ed espressivo

pp

p

Cre

scen do.

f

pp

Ritard

ISER (André) né à Paris en 1851.

tristeza

TRISTEZA

La tristeza proviene del latín *tristitĭa* y es la emoción básica opuesta
a la alegría. Se caracteriza, pues, por la sensación de falta de
esta y un estado interno de malestar. Cuando estamos tristes
sentimos decaimiento del ánimo, falta de confianza, y sensación de
vulnerabilidad. La tristeza puede estar motivada por muchas causas,
pero, por lo general, va ligada a la pérdida de alguna persona
u objeto con el que teníamos un fuerte vínculo emocional.

Su función: La tristeza es una emoción que invita a la reflexión
y nos obliga a detenernos y a prestar atención a algo
que nos sucede. Algo que pretende ser visto y atendido para que
podamos asimilarlo y transformarlo. El problema es que, como eso
duele, solemos esquivarla a toda costa, pero la emoción sigue ahí,
llamando a nuestra puerta de vez en cuando hasta que nos
dispongamos a verla, sentirla, aceptarla... para, finalmente, dejarla
marchar. Pero es una emoción que necesita tiempo y paciencia...
Otras funciones pueden ser el aumento de la cohesión social y
el altruismo, aprender de los errores, detenerse para cuidarse,
asimilar una pérdida, valorar los buenos tiempos...

Su energía: Es la emoción contraria a la alegría, y si bien la energía
de aquélla quería salir, abrirse y expandirse, la energía
de la tristeza quiere contraerse, cerrarse y replegarse sobre sí misma.

Es, pues, una energía de repliegue, de tendencia introvertida, que nos invita a parar, a reflexionar y a sentir ese dolor o aflicción.

También tiene su lugar en el cuerpo físico, generalmente un lugar muy interno, donde solemos sentir la sensación de opresión, pesadez, abatimiento, congoja o incluso dolor.

Podemos ubicarla en diferentes lugares de nuestro cuerpo, según el día: pecho, corazón, espalda, piernas..., pero muchas veces la experimentaremos como una presión en el corazón, un nudo en la garganta, una pesadez en los hombros, debilidad y fatiga en el cuerpo, sensación de vacío, falta de vigor..., etcétera.

Su expresión: Su signo más evidente es el llanto y las lágrimas. La expresión facial es de preocupación y seriedad, las cejas se elevan por la parte interior, fruncimos el ceño, los labios descienden y hasta llegan a temblar...

Pero podemos, sin embargo, no mostrar estos rasgos físicos externos y sentir su apatía, decaimiento y desmotivación internas.

La tristeza tiene también diferentes grados de intensidad. Desde un ligero malestar a un profundo dolor emocional. Su rango iría desde la calma (donde no sentimos tristeza), hasta el estado máximo que sería la depresión, pasando por estados intermedios de flojera, desánimo, pesimismo, desmotivación, apatía, desesperación...

CALMA   DEPRESIÓN

Solemos considerarla una emoción *negativa*, pero es bueno tener en cuenta que no todo lo que proviene de ella es malo, puesto que una de sus funciones es permitirnos tomar conciencia y acceder a aspectos profundos de nuestro ser, tanto de nuestro pasado como de aquello que nos trasciende, y valorar las cosas que realmente nos importan y tienen sentido. También, al ponernos en contacto con nuestra vulnerabilidad, limitaciones e imperfecciones, a su vez nos conecta con nuestras partes más bellas y humanas, como la empatía y la compasión por el otro.

Y es precisamente esta parte reflexiva de la tristeza la que intentaremos que descubras y explores en este libro... sin miedo, dejándote llevar por ella y sacando a la luz (en este caso, en el papel) lo que ella quiera mostrarte.

*Posibles MANIFESTACIONES de la tristeza:

- sentimiento de falta de algo
- sentimiento de vulnerabilidad
- ánimo bajo o decaído, desilusión
- apatía
- sentimiento de soledad, incomprensión, aislamiento
- falta de esperanza
- seriedad o falta de humor (a veces)
- sentimiento de desconexión (separación)
- limitación
- melancolía, añoranza
- desgarro
- atadura al pasado
- amargura
- pon tú más:
-
-
-
-
-
-
-
-
-

Cuando estés triste, sigue conectado con tu emoción
e intenta hacer estos ejercicios...

¿Dónde sientes la emoción?

Dibújala en la parte del cuerpo donde la sientas..., y expresa su energía.

Pega, cose hilos haciendo formas en esta página...

llora
en
esta
página

Dibuja la otra
mitad...

TRIO
FOR VIOLIN, VIOLONCELLO AND PIANO Nº2 IN E-FLAT MAJOR
SCHUBERT

Escucha música clásica mientras le pones cara a estos personajes...

date un baño

(o regaderazo)

PONLE ESPUMA,
SALES, AROMAS QUE TE
RECONFORTEN. Imagina
que tus penas se van con él.

Después del baño,
dibuja aquí lo
primero que
te salga

Pon una
CANCIÓN
triste
y déjate llevar...

Escribe lo que
sientes hoy:

Al acabar, ve a la página 65 y recuerda el ejercicio que hiciste ese día...

El agua son tus emociones... Aunque sabes que existen y que están ahí, hoy no te quieres mojar. Continúa este dibujo, inventando nuevas maneras de mantenerte a flote o sumergido, pero sin que el agua te afecte.

patinando sobre
el agua

Haz un collage con colores fríos: azules, verdes y grises...

y cuando lo tengas casi terminado incorpora colores cálidos (rojos, amarillos y naranjas...), y experimenta la diferencia.

guarda tus lágrimas

Deja caer tus lágrimas dentro de una botella. Anota el día y la hora en el frasco... Úsalas con alguna técnica al agua como las acuarelas o los lápices acuarelables.

Son ellas las que te han ayudado a construir este dibujo. ¿Acaso no es mágico?

Pinta, colorea, escribe, ensambla... Encuentra maneras de ayudar a estos personajes...

collage
emocional

Crea un *collage* a partir de la emoción que estés sintiendo...

Cierra los ojos, respira hondo... ¿Qué te faltaría para ser 100% feliz? Complétalo en este dibujo.

Toma un papelito aparte y escribe un mensaje de socorro...
Después, enróllalo y pégalo dentro de la botella, e imagina que la lanzas al mar...

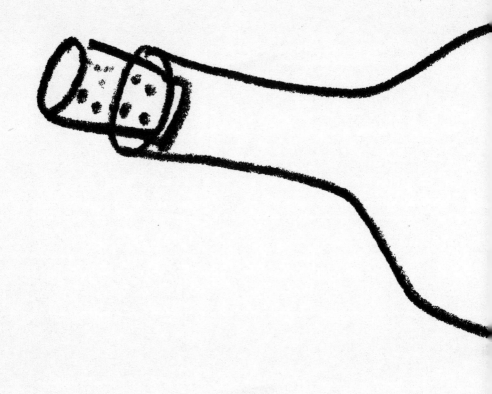

Pinta el mar donde flota esta botella....

Venus del espejo, de Diego Velázquez

autorretrato

Puedes pegar una foto tuya o bien dibujarte en el espejo y a continuación escribir y poner color a esta escena...

Une los puntos

Literal y metafóricamente... Intenta entender cuáles son los pasos
o eventos que te han llevado a estar tristeando.

7

6 •

5 •

4 •

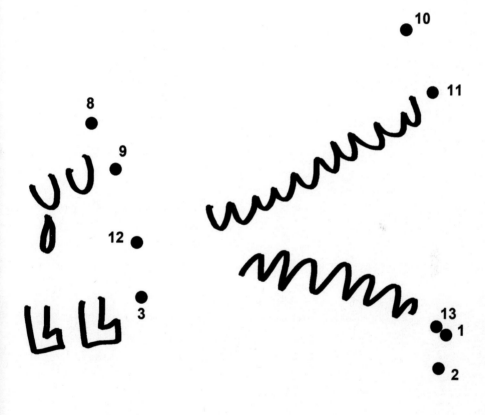

Expresa tus emociones aquí. Escríbelas, píntalas, haz un *collage* o simplemente anima esta escena.

Recuerda aquello
que te hace
¡feliz!

Regresa a un ejercicio que hiciste un día de alegría y procura repetirlo hoy aquí. Relee la página 38 y recuerda lo bueno que tienes.

ira

IRA

La ira, también conocida como rabia o enojo, es una emoción exaltada y desagradable que surge de la frustración ante algo que deseamos y no obtenemos, o ante una injusticia. Con su aparición, unas veces gradual y otras de manera súbita, sentimos sensaciones que van desde una ligera irritabilidad hasta una gran indignación, cólera y furia.

Su función: Evolutivamente, la ira tiene una función defensiva, de supervivencia y diferenciación. Se da ante estímulos que el organismo interpreta como amenazantes para su supervivencia o bien para eliminar factores que se interponen en la satisfacción de un deseo o necesidad. Esta surge de la necesidad de diferenciarse, de quitarse al otro de encima, de apartarlo de nuestro camino. Así como la alegría nos llevaba a querer unirnos al otro, la ira nos lleva a querer precisamente lo contrario, distanciarnos del otro.
Sentir ira en sí no es malo, ya que nos puede

permitir poner límites a situaciones abusivas y a las relaciones con otros individuos, respetando nuestra individualidad. El problema viene del modo en que la expresamos.

Su energía: La rabia quiere, por naturaleza, poder salir, descargarse. Por eso decimos que tiene un movimiento expansivo de la energía, desde dentro hacia fuera. Cuando nos sentimos enojados, ofendidos o rabiosos, sentimos internamente que nuestra energía quiere salir disparada hacia fuera para quitarse al otro de encima o agredirlo. Es una energía intensa, y a nivel corporal sentimos como si algo nos oprimiera desde dentro o bien como si algo entrara en ebullición y quisiera expandirse.

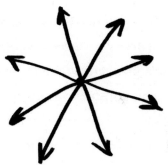

Su expresión: Los músculos se tensan, apretamos la mandíbula, cerramos los puños, los niveles hormonales de adrenalina y noradrenalina se disparan, el ritmo cardíaco y la presión sanguínea se aceleran... El cuerpo se llena de energía y se predispone a la acción y agresión. La ira necesita salir. Y si no sale y se reprime, corremos el riesgo de que se enquiste o explosione hacia dentro, causándonos algún daño a nosotros mismos.

La ira es una de las emociones más tóxicas y destructivas que existe. Aun así, es necesaria. Pero el problema es que, al ser una emoción que necesita salir y expresarse, al final salga de una manera demasiado explosiva y descontrolada, causando un gran daño alrededor. Por eso, con la ira es especialmente importante aprender a reconocerla y a gestionarla correctamente, para evitar que nos domine y nos dirija directamente a lastimar al otro. Es importante aprender a detectar aquellos momentos en que su energía es tan intensa que nos impide ver con claridad, y esperar a calmarnos para pensar mejor y emprender cualquier acción.

Pero la motivación de la rabia no siempre es negativa (a veces nos indica una injusticia, agravio o simplemente nos muestra los límites de nuestra individualidad) aunque su expresión sí suele serla. Deberíamos ser capaces de expresar nuestra diferencia, autonomía y límites sin necesidad de agredir al otro, templando la emoción o encontrando maneras constructivas de canalizar ese gran caudal de energía. La meditación, el deporte y el arte pueden ser medios excelentes para canalizar y transformar su imperiosa intensidad.

Uno de los aspectos positivos de la ira es que nos lleva a detectar y querer actuar ante una posible injusticia. Esta motivación a la acción es la fuerza e ímpetu que nos impulsará a iniciar y sostener una conducta que nos llevará al cambio deseado, a la mejora de la situación. Si estuviéramos tristes, por ejemplo, quizá nos faltaría la fuerza y la entereza para actuar. Sin embargo, la fuerza que nos da la ira y sus grandes dosis de energía pueden llegar a movilizar hasta los cimientos más sólidos.

Posibles *MANIFESTACIONES de la ira:

- una explosión interna
- un excedente de energía, querer descargar
- sensación de poco control
- subida de la temperatura
- enfado, odio, cólera, furia
- frustración
- rechazo
- reacción al miedo
- dificultad de contención
- molestia
- fastidio
- enojo ~~reac~~
- pon tú más:
-
-
-
-
-
-
-
-
-

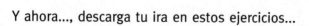

Y ahora..., descarga tu ira en estos ejercicios...

117

¿Cuántos grados mide tu ira?

Marca una línea en
la temperatura que
le darías hoy
a tu ira. Anota
la fecha de hoy
y lo que sientes.
Mañana vuelve al
mismo ejercicio
y repite la
dinámica. Y al día
siguiente, igual.
Observa la
evolución.

— 120°

— 100°

— 80°

— 70°

— 60°

— 50°

— 30°

Explica qué te ocurre...

Crónica de una
batalla interna.
Describe lo que sientes...

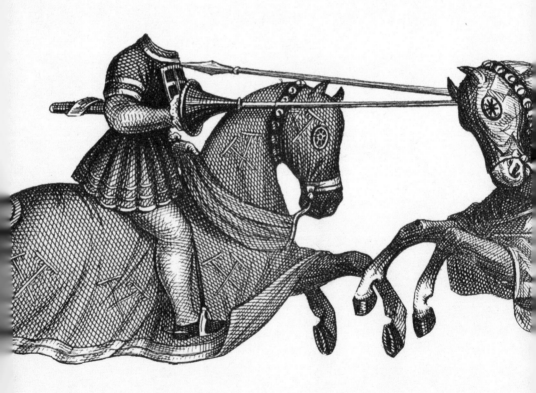

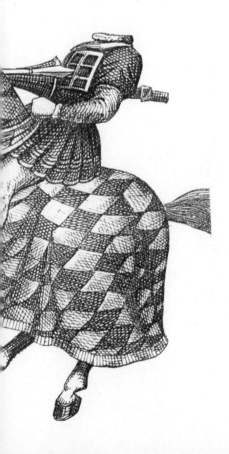

MACHACA ESTO SIN PIEDAD. Pon plastas de pintura y espárcela con un rodillo o cualquier técnica de machaque que se te ocurra en este momento.

Ve al EXTERIOR y busca

Sal a un parque, a la montaña, al mar... Contémplalos.

Toca ese árbol, esa hoja, el agua... Descálzate. Siente cómo su efecto te transforma un poco.

(Registra o expresa este momento aquí de algún modo.)

un sitio de la NATURALEZA

Continúa este dibujo...

Imagina, escribe, pega, dibuja... Todas esas cosas que no te tragas.

Dibuja la silveta de tu cuerpo...

Ubica dónde sientes la emoción (o sensación) y expresa creativamente su energía.

Toma un bolígrafo, lápiz o herramienta puntiaguda y perfora este papel con ira.

Precaución: Pon un cartón grueso o periódico debajo para no arruinar el libro entero...

Por mucho que
ahora pienses
que tienes el
100% de la razón,
la ira te impide
ver con claridad.
Saca aquí todo
lo que sientes y
piensas. RAYA,
ESCRIBE, ROMPE
ESTA PÁGINA.
**Explota aquí,
pero no en tu
vida cotidiana.**
Mañana vuelve
a este dibujo,
observa y relee
lo escrito. Si no
se te ha pasado,
haz otro ejercicio
y duerme un
día más hasta
que llegues a la
calma. Entonces,
podrás actuar.

Pinta con
los dedos

Siente tu enfado. Toma un color ROJO (crayón, marcador) y llena este frasco con rayones fuertes mientras liberas toda tu ira en él. Si prefieres escribir, hazlo también en rojo y enérgicamente. Después, inventa una manera de cerrar el frasco para que tu rabia quede ahí bien contenida (un dibujo, un *collage*, un curita...)

Si te quedaste con más ganas... toma otra hoja en blanco...

desquítate creando una tormenta...

Pon una música 🎵
🎵 tranquila ...

Siente la melodía mientras bailas o te mueves por la habitación...
Fíjate si tu emoción se relaja un poco y después expresa esa transformación aquí.

Escuchar el «Cánon en Re mayor» de Pachebel puede funcionarte muy bien para este ejercicio...

Haz algo espontáneo...

Escribe aquí debajo lo inconforme que estás con alguna situación.

Ahora crea una frase tipo SLOGAN y colócala en esta marquesina, para que la lea todo el mund

Dibuja un volcán
que entra en erupción

Explícame tu enojo... Yo te escucho.

¡¡¡Escucha música que te ANIME!!!

mientras llenas esta página de Zig-ZAG

Escribe esas palabrotas que querrías decir, pero que no debes...

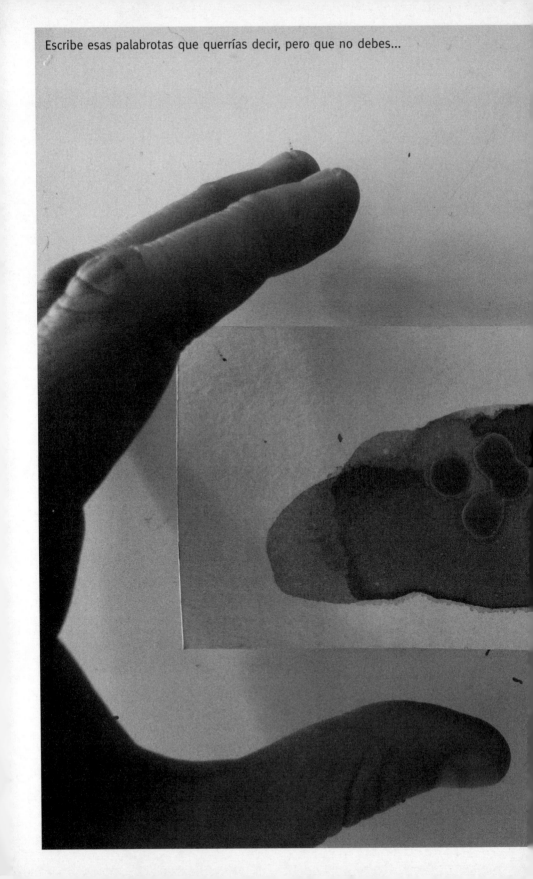

Después, engrapa esta hoja cerrándola bien cerrada para que no salgan de aquí.

¿A qué te opones? ¿Qué no soportas? Todo lo que odias en el otro es  también una parte de ti.

Dibuja esos dos aspectos que están luchando dentro de ti. Quizás prefieras hacerlo abstracto...

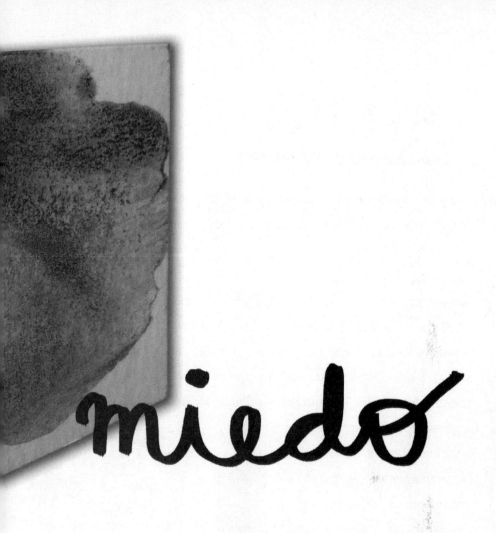

miedo

MiEDO

El miedo es una emoción que se caracteriza por una sensación desagradable e intensa experimentada ante la percepción de un peligro real o imaginario.

Su función: Es la emoción más primitiva o animal que tenemos, y, biológicamente, su función es prepararnos para la supervivencia, para dar una respuesta rápida y eficaz ante un riesgo o amenaza vital. Proviene de nuestro cerebro más primitivo, el encargado de los instintos más primarios y del sistema límbico, que regula las emociones.

Originariamente, nos instaba al mantenimiento de la especie y se despertaba ante amenazas reales. Hoy en día, en cambio, el disparador del miedo se activa en multitud de situaciones que, muchas veces, no son amenazas reales para nuestra supervivencia, sino ilusiones y exageraciones. Aún así, nuestras defensas se activan de manera automática, y los síntomas que experimentamos son los mismos como si de un peligro real se tratara.

estoy hecha un glan

Pero el miedo tiene una función positiva y es la de detenernos ante una situación de peligro para actuar con prudencia. Sin él nos atreveríamos a hacer cosas demasiado arriesgadas para nuestra vida. El miedo nos señala ese peligro o situación que nos inquieta y lo interesante es poder entender el porqué.

Su energía: Es una emoción de contracción; la energía se retrae hacia dentro y sentimos como si algo de fuera nos abrumara tanto que nos empequeñeciera, acobardara o bloqueara. Es una energía angustiosa, percibimos una amenaza y nos ponemos en tensión, en estado de alerta, y sentimos un malestar general. Sentimos una presión, un nudo, un bloqueo que puede traducirse en una sensación física o en pensamientos e ideas negativas que retroalimentan este malestar.

Si bien la rabia tenía una energía expansiva que tendía hacia afuera y llevaba a la acción, el miedo generalmente tiene una respuesta inhibitoria, de retracción de la acción. Pero esta reacción no es la única, también puede impulsarnos a agredir (y entonces la llamaríamos ira) o, en el mejor de los casos, a la acción positiva que sería, por ejemplo, pedir ayuda o buscar soluciones.

Su expresión: El miedo tiene multitud de posibles expresiones en función del tipo, grado e intensidad que experimentemos. Solemos pensar que no tenemos miedo a nada. Identificamos tener miedo con experimentar una emoción extrema, como, por ejemplo, tener miedo a volar o, si viviéramos en la selva, tener miedo a que se nos coma un león.

Pero ése es tan solo un tipo de miedo. En nuestra sociedad, en realidad, el miedo es la emoción más común de todas. Lo que ocurre es que aparece camuflada bajo otras manifestaciones:

TIPOS y variantes del miedo:

inseguridad / nerviosismo / preocupación / incertidumbre

ansiedad / estrés / angustia / insomnio / bloqueo

temor/ duda / excusas

aprensión / desconfianza / susceptibilidad

vergüenza / timidez

inquietud / sospecha / recelo / paranoia

fobia / pavor / pánico / terror

La mayoría de estas manifestaciones sutiles del miedo afectan negativamente nuestro día a día. De ellas derivan una infinidad de síntomas físicos como: tensión en el cuerpo, estado de alerta, nerviosismo, temblores, hiperventilación, taquicardia, bloqueos, tics corporales... y un sinfín de expresiones de estrés y ansiedad.

La identificación de estas variantes del miedo, y su origen, no es tarea fácil, pero es el primer paso si queremos empezar a combatirlas y a encontrar soluciones.

*Posibles MANIFESTACIONES del miedo :

- sentirse perdido, desorientado
- lo desconocido
- estar muy desorganizado
- no sentir los límites, descontrol
- sensación de amenaza
- sensación persecutoria
- sensación de no poder con algo que le supera a uno
- sentirse menos, sentirse incapaz
- el qué dirán
- ~~perfeccionismo~~ perfeccionismo
- pon tú más :
-
-
-
-
-
-
-

Y ahora vamos con los ejercicios...

sopla tus miedos

Continúa el dibujo escribiendo y garabateando tus miedos, angustias y preocupaciones hasta desintegrarlos...

¿Qué ven los gatos que les asusta tanto?

Haz una lista de todo lo que te estresa, angustia o da miedo

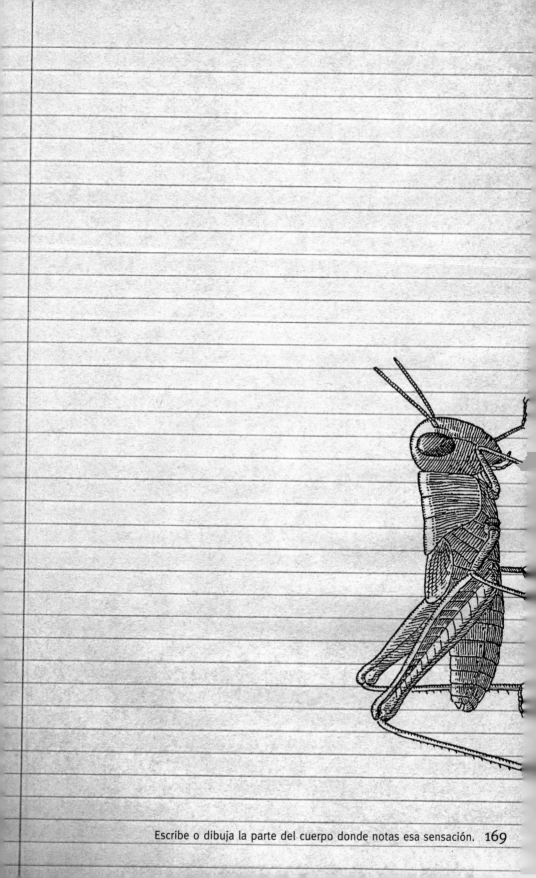

Escribe o dibuja la parte del cuerpo donde notas esa sensación. 169

Mírala unos segundos y haz aquello que te sugiera esta mancha....

Escribe tus pensamientos, dibuja, pinta en color blanco...

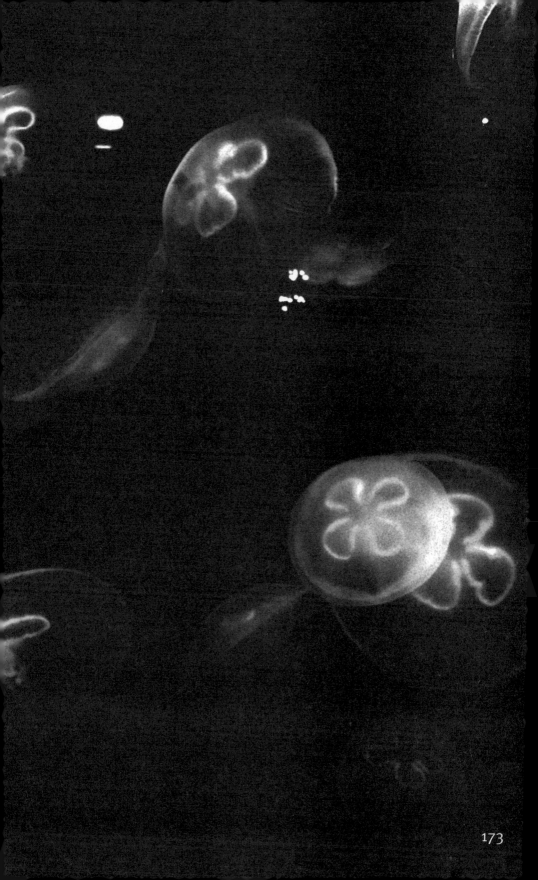

«Un hombre sin tierra es como un árbol sin raíces.» Evoca tus raíces, tu origen, tu historia y hónralas aquí.

Pon pintura líquida y sóplala con un popote... imagina que son tus angustias y preocupaciones las que se disuelven...

Traza líneas de izquierda a derecha con tu mano izquierda. Y después, con los ojos cerrados.

Procura que el personaje camine sobre una línea lo suficientemente estable para que no caiga...

(Cierra los ojos, respira, siéntete calmado, trazando despacio mientras lo haces...)

Transforma este dibujo en algo divertido.

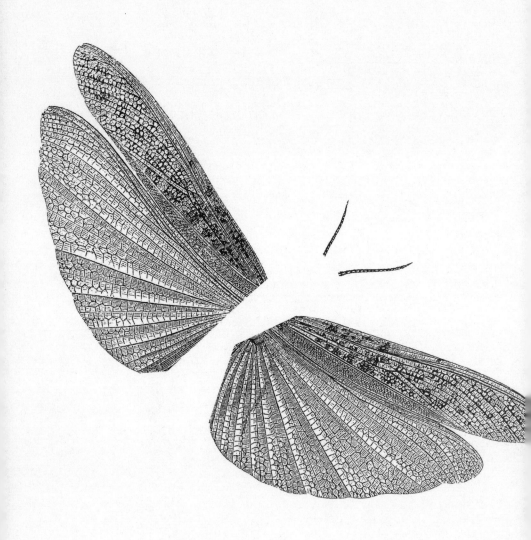

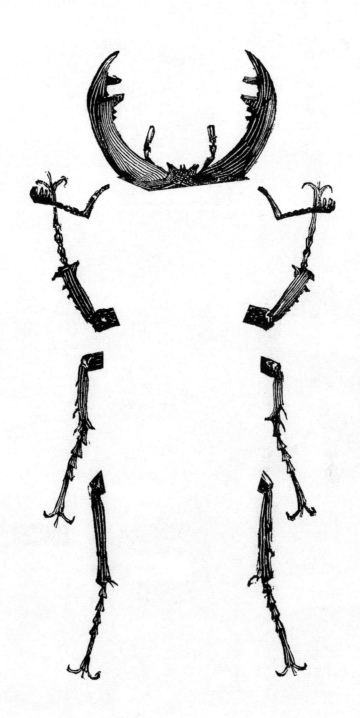

Nombra todas esas cosas que te impiden conseguir lo que quieres...

Inventa soluciones para eliminar, minimizar o esquivar esos impedimentos...

Garabatea espontáneamente aquí mientras estés hablando por teléfono...
(de esa manera inconsciente y automática que solemos hacer).

así en cada página.

es una invitación a que dibujes

¿Por qué solo dibujas libremente mientras hablas por teléfono? Este diario

Dibújate sentado en este banco cavilando en tus cosas...
¿En qué estás pensando? Dibuja y escribe esos pensamientos...

Escribe un miedo o temor en cada pata.
Luego inventa algo creativo para desaparecerlas...

Puedes cortarlas, pintar encima, tirarlas al mar. Puedes ponerles zapatos, depilarle los pelos uno a uno, transvestirlas o quemarlas... Haz LO QUE TE DÉ LA GANA.

esto es un
RETO creativo :

¿te atreves?

La vida es como este papel en blanco: o te lanzas, o no ocurre nada muy interesante...

Esto son dos despeñaderos.
Dibuja algo entre las dos montañas
con sumo cuidado, agarrándolo bien
para que no se caiga...

193

Continúa libremente esta línea con un marcador llenando las dos hojas.
Cuando acabes, rellena los espacios que han quedado delimitados... Por ejemplo, cada uno con un color diferente; también puedes escribir texto en cada hueco o pegar papeles...

reproduce una pesadilla que recuerdes

(Si no recuerdas una real, invéntate una, la primera que te venga a la cabeza.)

Hacer explotar el plástico de burbuja. Aquí, para desestresarte, te puedes entretener coloreando, garabateando o rayando cada una de estas burbujas, como si las reventaras.... ¡No dejes ni una!

Llena toda la página de dibujos o recortes, sin dejar espacios en blanco...

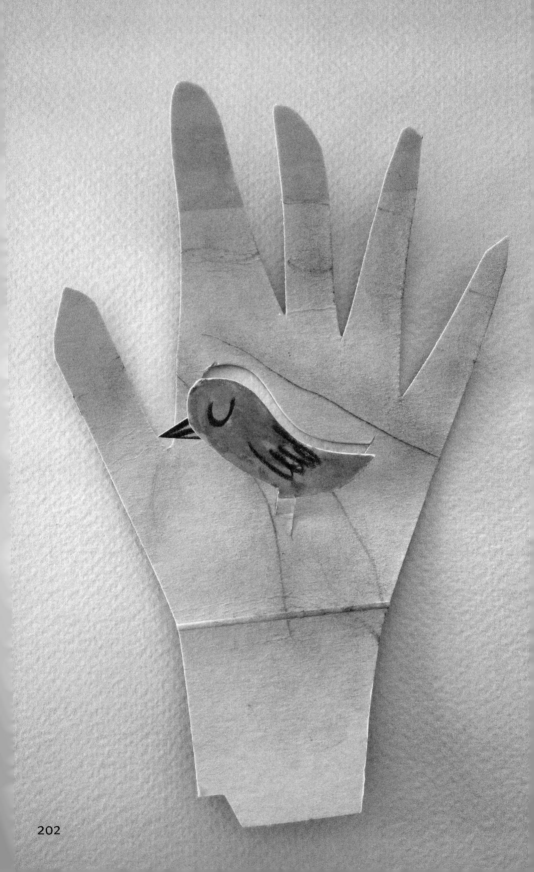

calma

CALMA

La calma es un estado de paz y tranquilidad. Una emoción más relajada y menos intensa que el resto de emociones, que se caracteriza por un estado interno de sosiego y bienestar.

Su función: La función de la calma es restablecer el equilibrio en la persona, permitirle descansar y reponer fuerzas. Proporciona un estado de coherencia interna, regula y templa las demás emociones aportando un estado sereno y centrado que nos ayuda a enfrentar los cambios que se presentan.

Su energía: Es lenta, y sigue el ritmo de la respiración profunda. Cuando estamos en calma, sentimos una sensación ligera y fluida que nos permite conectar mejor lo que ocurre dentro y fuera de nosotros. El bienestar corporal y la claridad mental aumentan. Nuestra atención está centrada y no está tan dispersa.

Vivimos más en el momento presente, sin proyectarnos tanto hacia el futuro ni hacia el pasado como en el resto de emociones. A menudo, podremos sentir la calma como una emoción muy similar a la alegría, pero ésta será vivida de una manera más serena, con más quietud.

Su expresión: Con la calma, nuestro cuerpo y músculos están relajados, transmitiendo una sensación general de tranquilidad y estabilidad. El sentimiento que emanamos es de confianza, nuestro tono de voz es más firme, y nuestra expresión corporal más serena, confiriendo seguridad tanto a uno mismo como al entorno que nos rodea. La calma, al igual que las demás emociones, se contagia. Así pues, si nos relacionamos con alguien que está calmado, de forma natural, éste nos transmitirá su confianza y serenidad, cosa que nos ayudará a templar y equilibrar nuestras emociones también.

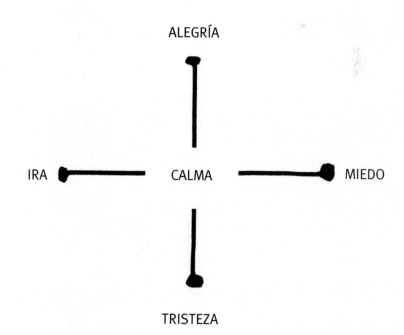

ALEGRÍA

IRA   CALMA   MIEDO

TRISTEZA

La calma es, pues, la emoción reguladora por excelencia, el estado más equilibrado en que podemos encontrarnos. Este nos ayudará a gestionar mejor nuestras demás emociones, a pensar con más claridad y a actuar con mayor acierto. Es la emoción que más integra la conexión o coherencia interna entre lo que piensas, lo que sientes y lo que haces. Cuando estamos en calma sentimos una alineación del eje cabeza-corazón-cuerpo, que vivimos como una gran sensación de bienestar.

* Posibles MANIFESTACIONES de la calma:

- aceptación
- confianza
- quietud
- serenidad, tranquilidad
- libertad
- temple
- fluidez, conexión
- conciencia
- claridad
- equilibrio
- armonía, bienestar, alivio
- autenticidad
- prudencia
- relajación

- plenitud
- ser
- madurez
- pon tú más: <u></u>
-
-
-
-
-
-
-
-
-

.... Y aquí vienen los ejercicios de la calma.

(Recuerda que puedes hacerlos cuando te encuentres en cualquiera
de las emociones, pues te ayudarán a centrarte y relajarte.)

Traza varias líneas sinuosas de colores que lleven al osito hacia el centro del laberinto...
Solo relájate sintiendo el camino de la espiral.

Tan solo siente dónde estás físicamente en este momento. Siente la silla, siente los pies tocando el suelo... Céntrate solo en eso, cierra los ojos y respira hondo, sin importarte nada más. Después, dibuja libremente (a partir de esa sensación) o describe tus sensaciones.

Construye una ciudad, poblado o lo que tú quieras sobre este terreno firme.

Tú eres este terreno. Tu confianza es la base de tu crecimiento.

Espejito, espejito...

Mírate en un espejo y fíjate detenidamente en cómo eres. Opción 1: Intenta hacer un autorretrato mientras no dejas de mirarte en él. (No importa el resultado; lo que importa es el proceso.)

Opción 2: Toma una fotografía tuya que te guste y pégala en el espejo... A partir de ahí llena la composición con tu creatividad...

Escucha
lo que esta mancha
tiene que decirte...

Garabatea cosas que surgen a partir de ella. Hazlo sin pensar, desde tu intuición, a ver qué sale...

Escribe todas esas cosas que te hacen sentir ligero, tranquilo, desestresado...

Llénalo de color blanco... y de colores pastel...

218

Crea tu propio mandala.

Imagina que el círculo eres tú y que fuera de él está tu mundo exterior.

Nada puede afectarte dentro de tu círculo...

Puedes crear otro mandala cuando necesites volver a concentrarte en ti mismo.

Continúa el estampado de este *quilt*... de manera muuuuy lenta y relajada.

Continúa tejiendo esta red (con lápiz, con cuerda...) y añádele imágenes, recortes y fotos de cosas que te gusten... para que no las pierdas.

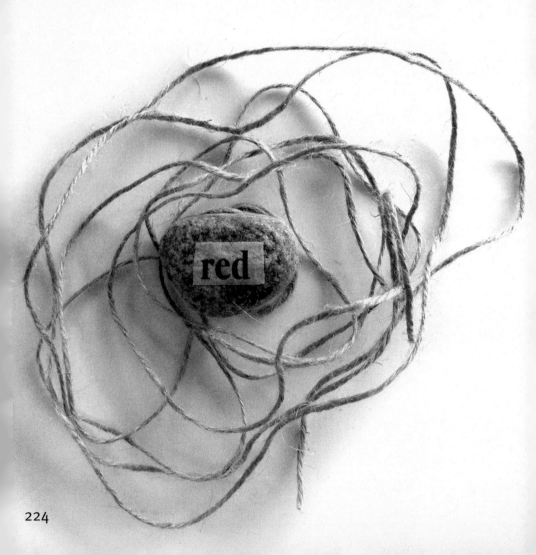

Cierra los ojos. Concéntrate en escuchar los diferentes sonidos que te envuelven...
Ya puedes abrirlos. Ahora intenta dibujar cada sonido.

Te ayudará si usas colores o técnicas diferentes. Después, anota en alguna parte lo que representan...

Sumerge un péndulo en pintura líquida y deja que gotee aquí... Disfruta probando diferentes alturas y movimientos.

Si no tienes ningún péndulo en casa, puedes construirte uno atando un botón a una cuerda.

Ábrelo y observa el efecto hipnótico de la simetría y fluye con él añadiendo cosas...

Echa un poco de pintura de colores y cierra el libro...

Pon encima de esta página la taza del desayuno... para que deje una mancha.
Toma un pincel y pinta usando tu té o café con leche...

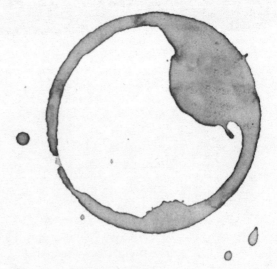

¿Infusiones de bienestar?
Nombra esas cosas que te relajan y aportan bienestar a tu vida...

Cierra los ojos... y concéntrate en tu respiración...

Ahora elige una técnica tipo crayón grueso o pastel... y con los ojos aún cerrados, dibuja su ritmo.

Después ábrelos y continúa dibujando la respiración... Prueba a respirar más lento y profundo.

Imagina que esto son cabezas de personas muy tranquilas... ¿Cómo serían?

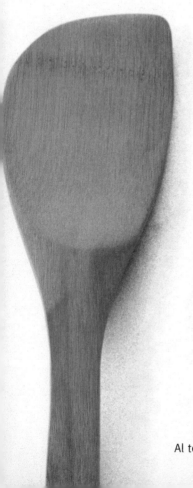

Al terminar puedes crear un bonito estampado de fondo...

Haz un collage de emociones que salga de esta caracola...

Dibuja la silueta de un cuerpo que te represente. Ubica dónde sientes la sensación.

Traza una,
CONEXIÓN entre
~~esta~~ esa planta y tú

Pon una música tranquila...
Haz lo primero que te venga a la cabeza (sin pensar demasiado)... Eso es.

ANOTACIONES de cómo me ha ido

Escribe tus conclusiones, tomas de conciencia e intuiciones aquí... ¿Cuáles han sido tus ejercicios preferidos? ¿Y los más reveladores?*

* Puedes escribirle un correo a la autora y explicarle tu experiencia. Estará encantada de conocer tus impresiones: info@annallenas.com / Facebook: diario de las emociones

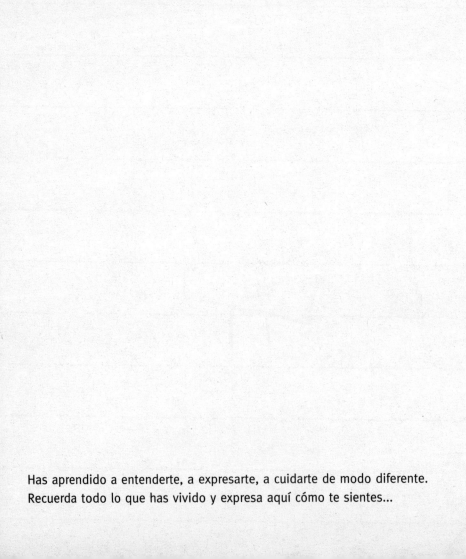

Has aprendido a entenderte, a expresarte, a cuidarte de modo diferente.
Recuerda todo lo que has vivido y expresa aquí cómo te sientes...

yo cuidaré de mí

NOTAS:

1. Robert Plutchik creó una rueda de emociones sugiriendo que había ocho emociones básicas y que estas se relacionaban de manera polar: alegría-tristeza, ira-miedo, confianza-disgusto y sorpresa-anticipación.

2. Paul Ekman, psicólogo estadounidense experto y pionero en el estudio de las emociones, distingue seis emociones básicas principales, que estarían codificadas en expresiones faciales universales: alegría, tristeza, ira, miedo, asco y sorpresa.

Ekman, P., *An Argument for the Basic Emotions*, «Cognition and Emotion», 1992.

Agradecimientos:

A toda mi familia por su cariño y apoyo. A Eloi, por su paciencia, sentido crítico y compañía en estos meses. A mis editoras Carme y Octàvia, sin cuya confianza y dedicación esto nunca hubiera sido posible. A mis profesores y maestros. A Marcelo, Jim, Laura e Isabel por permitirme entender las emociones de una manera vivencial. A Lluís y Malka por acompañarme con cariño e iluminar mis puntos ciegos. A mis queridos alumnos, en especial a Paula, Maria, Núria y Gisela por probar y poner color a algunos de los ejercicios de este libro. A mis pacientes en prácticas de arteterapia por lo mucho que me enseñan ellos a mí cada semana. A los artistas y autores que me han impactado, poblado mi imaginario y estimulado la creatividad: Frida Kahlo, Henri Matisse, Carl Gustav Jung, Pablo Picasso, Joan Miró, Joan Brossa... A todos mis amigos: a Clàudia, Carla, Núria, Gisela, Adriana por ayudarme en la revisión del libro. A Faada y a Anaïs por la cesión de la foto del chimpancé. A Ona, Alba y Carla por aparecer en las fotos.

A Xispu y a Kira, por regalarme la alegría con la que empiezo cada mañana.

Y a mi estimada tieta Dolors, cuya imagen, recuerdo e inspiración siempre me acompañarán.

... Y dibuja, escribe, ensambla algo que te represente o con lo que te sientas identificado.